LUPO SELVAGGIO
LIBRO DA COLORARE

QUESTO LIBRO APPARTIENE A

____

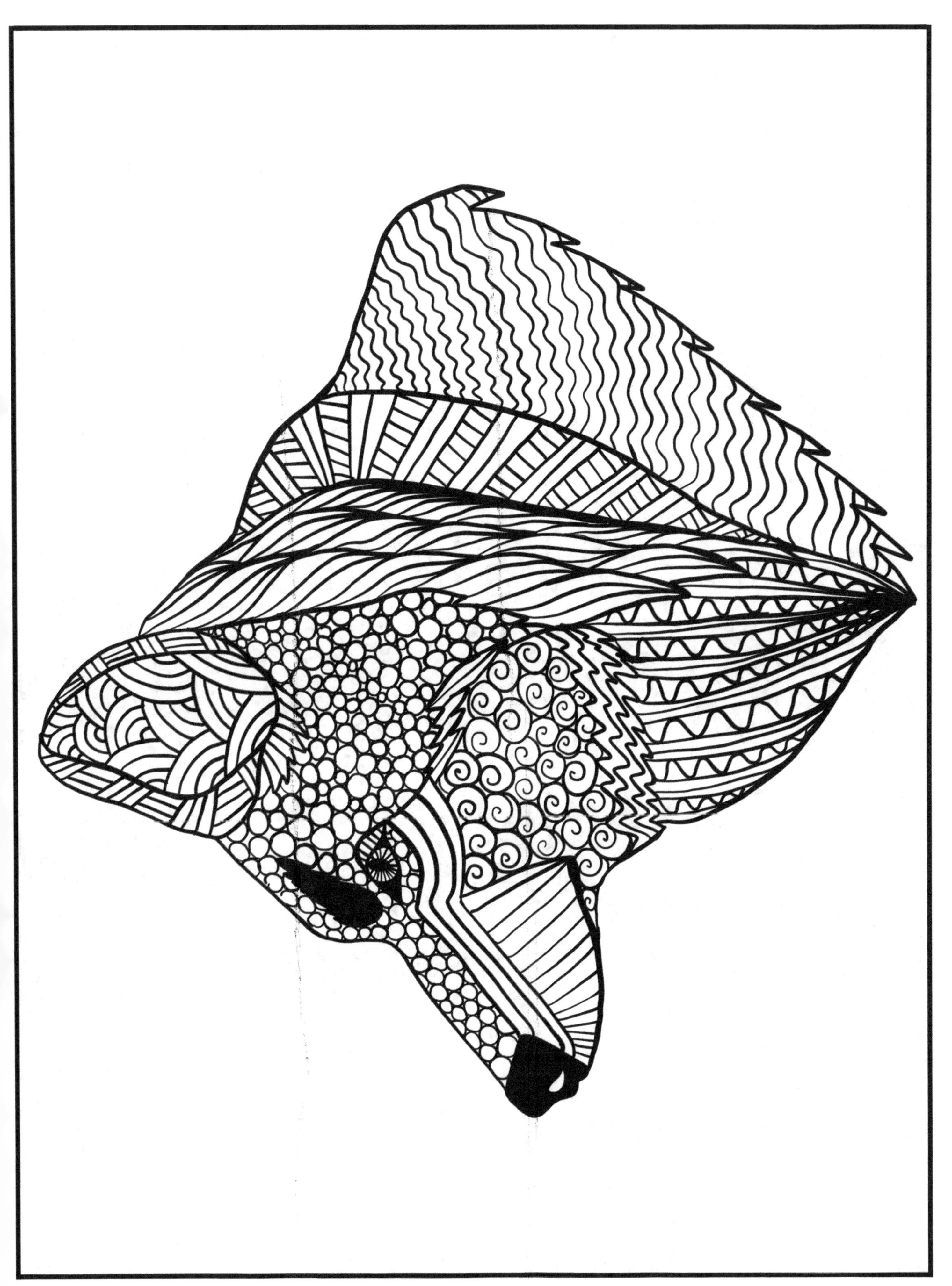

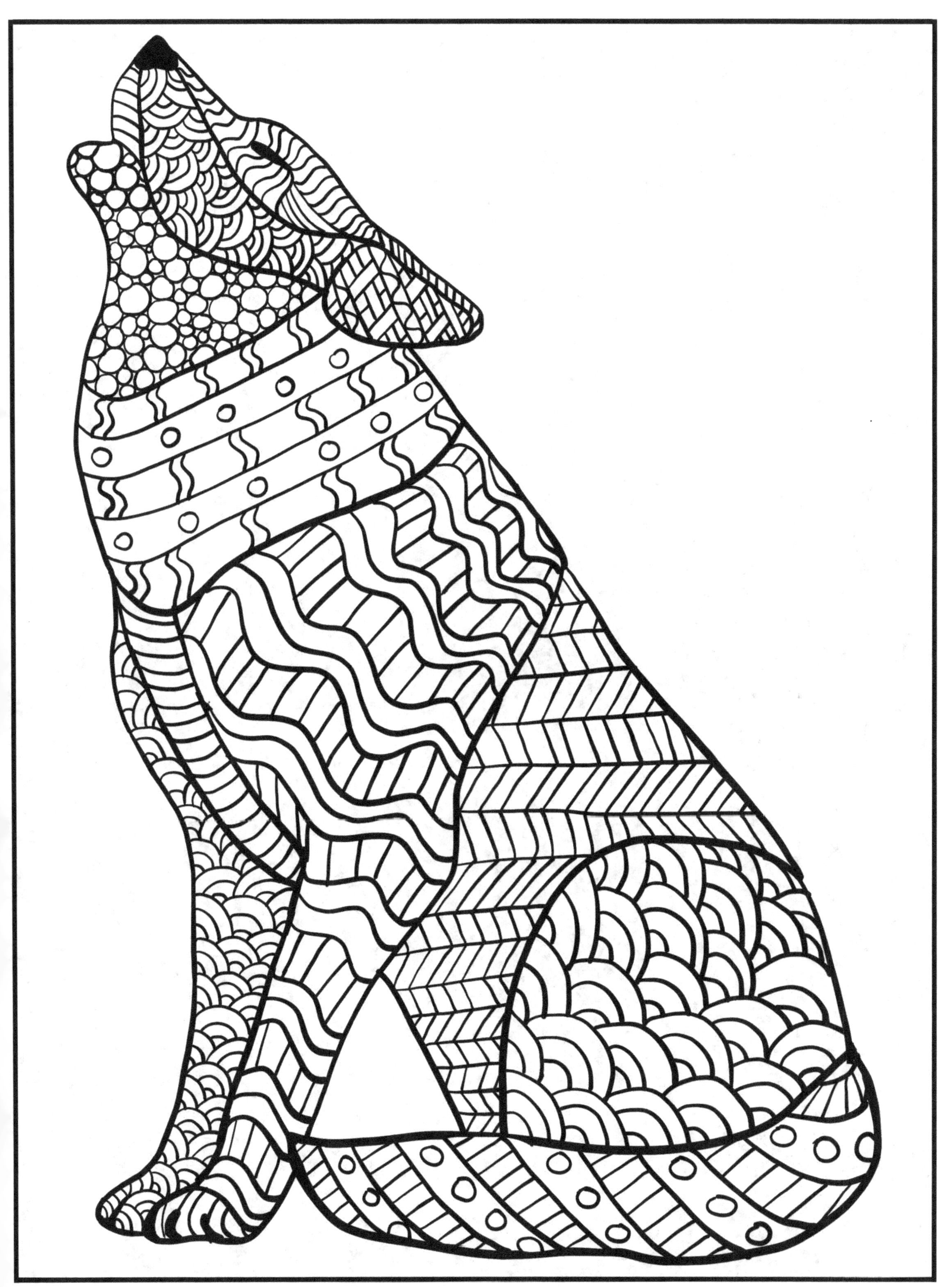

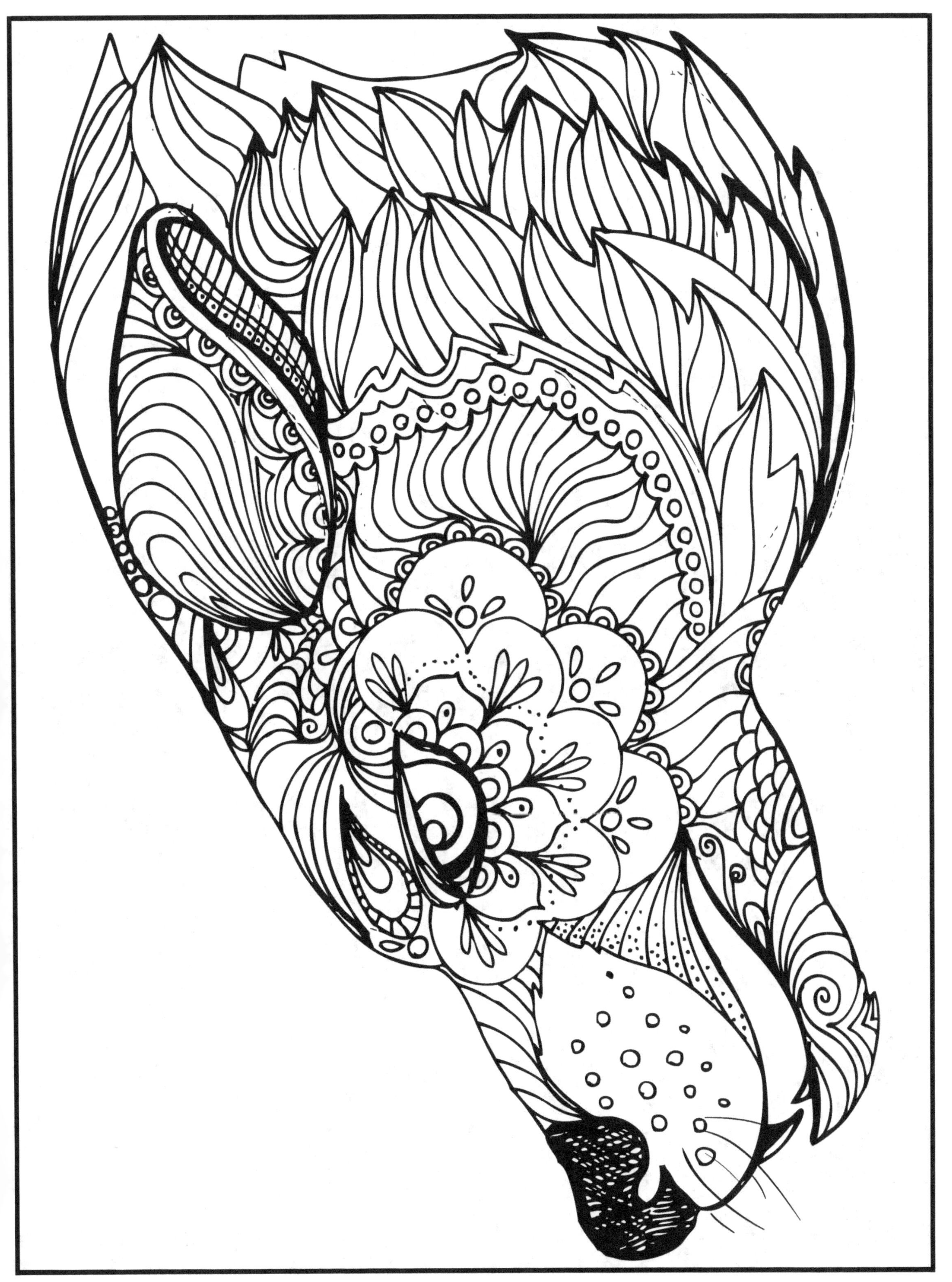

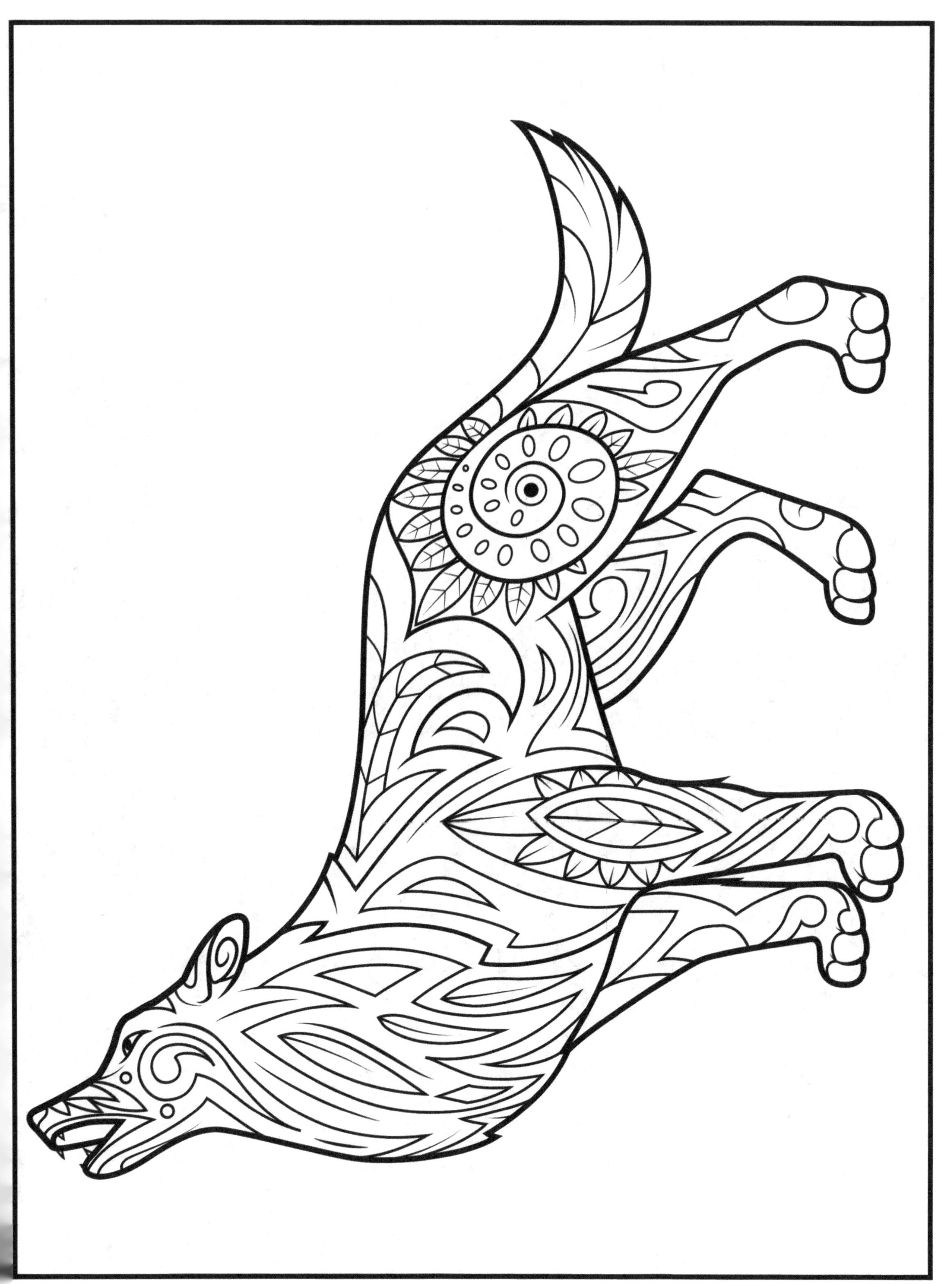

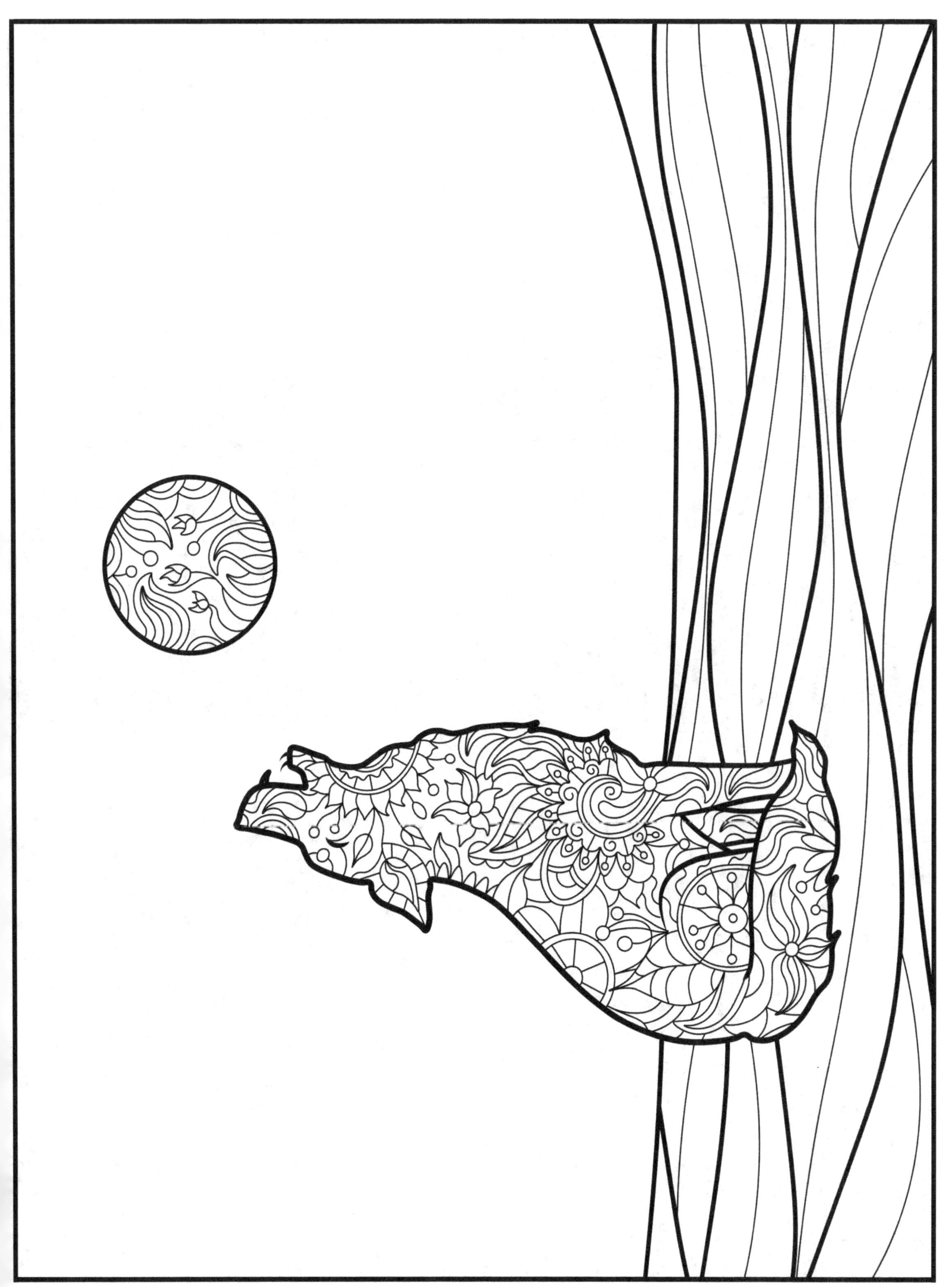

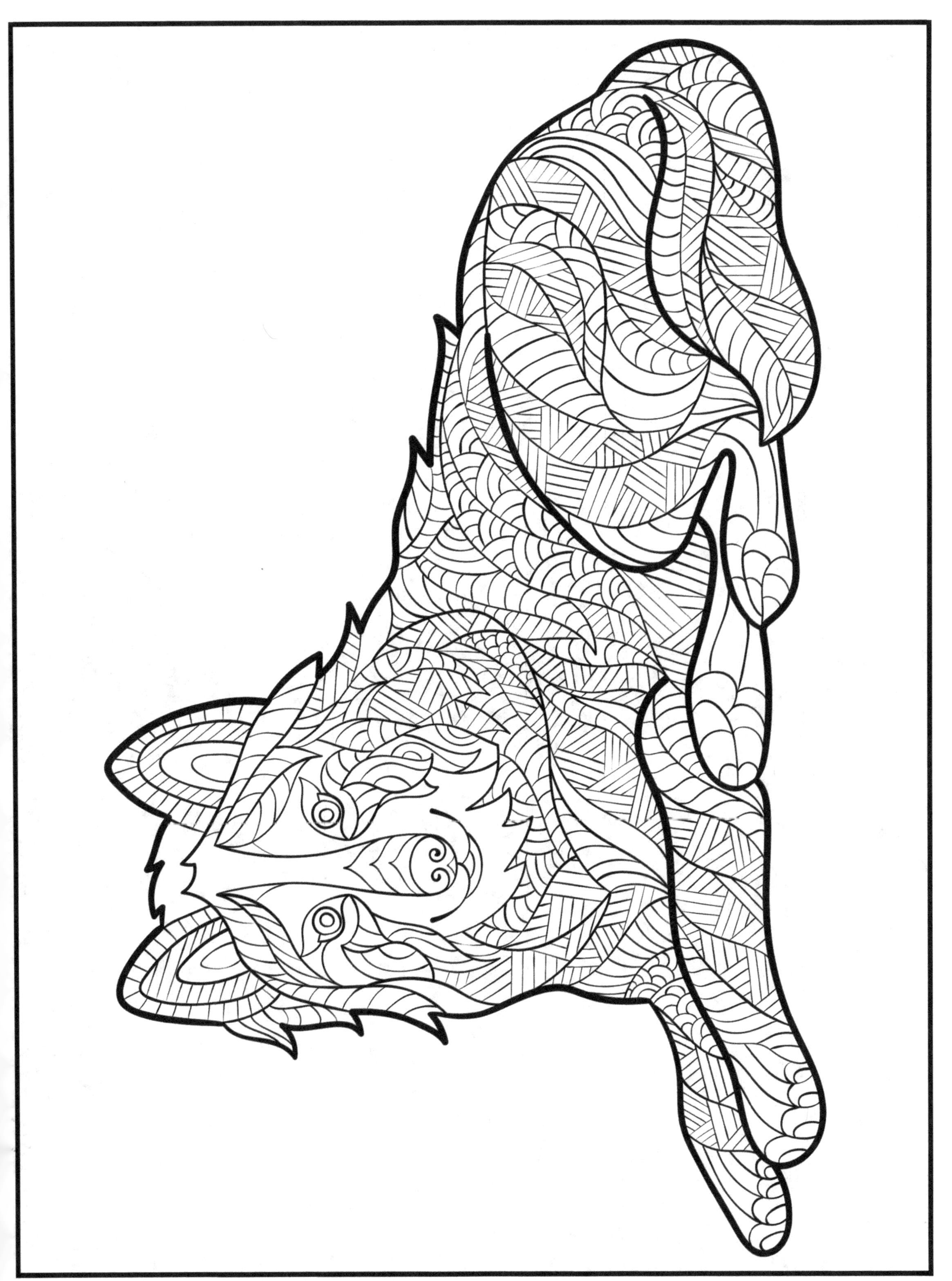

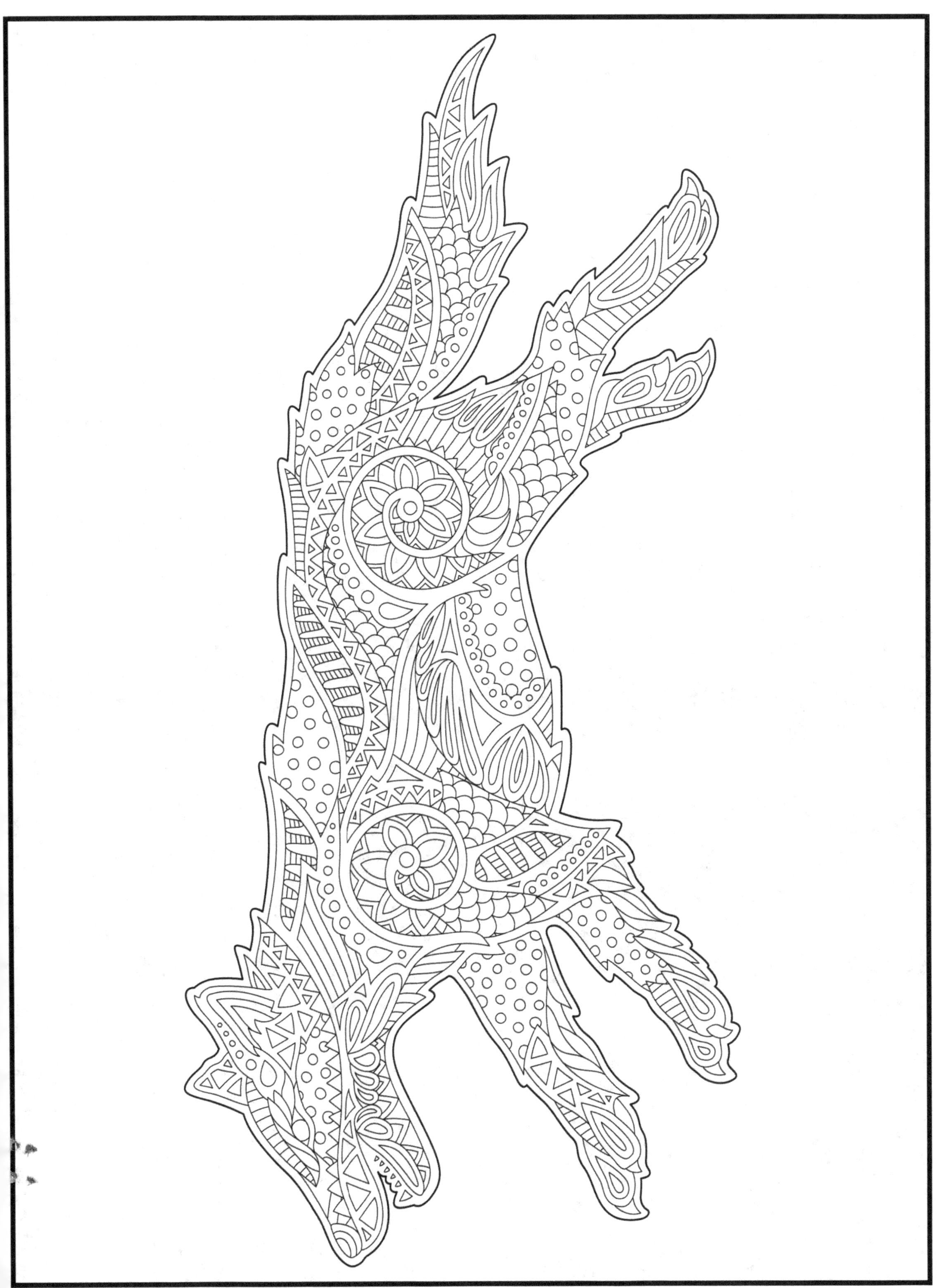